AF355852

LETTRE

A MONSIEUR LE PRÉSIDENT

ET

A MESSIEURS LES DÉPUTÉS AU CORPS LÉGISLATIF

PAR M. LOUIS PASSY

AVOCAT, DOCTEUR EN DROIT

PARIS

LEDOYEN, LIBRAIRE-ÉDITEUR

31, galerie d'Orléans, Palais-Royal

—

1863

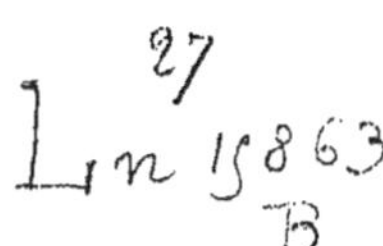

LETTRE

A M. LE PRÉSIDENT

ET A MESSIEURS LES DÉPUTÉS AU CORPS LÉGISLATIF

Monsieur le Président,

Messieurs les Députés,

Quand je publiais, au milieu de décembre, le travail
que je préparais depuis longtemps sur le mouvement de
la population dans le département de l'Eure (1), je ne me
doutais pas de l'importance que la presse et l'administration accorderaient à des recherches purement scienti-
fiques. Depuis cinq semaines, mes écrits et ma conduite
ont été discutés dans les journaux et dans des actes officiels. Le *Courrier du Dimanche* et le *Journal des Débats*
ont reçu, le premier, un avertissement, le second, un
communiqué, dans lesquels j'ai été indirectement ou di-
rectement désigné (2). Dans la séance du jeudi, 12 février,

(1) *Du mouvement de la population dans le département de
l'Eure*, par M. Louis Passy. Paris, Guillaumin, décembre 1862.

(2) «Dans le numéro du *Journal des Débats* du samedi 24 janvier,
M. Weiss prétend qu'un de ses amis, M. Passy, indirectement
accusé par un document officiel d'avoir publié, à propos des listes
électorales du département de l'Eure, des chiffres faux et inexacts,

— 4 —

M. le Président du Conseil d'État a cru nécessaire d'entretenir le Corps législatif des voyages que j'ai faits à

s'est présenté dernièrement à l'hôtel de la préfecture, à Évreux, pour réclamer la communication des listes électorales qui doivent être fournies *à tout requérant* pour être, si besoin est, *recopiées et reproduites par la voie de l'impression*. M. Passy, ajoute M. Weiss, « trouve un secrétaire général très-poli qui lui répond,
« à lui et à l'huissier dont il s'était muni, que M. le préfet est ab-
« sent, que les listes sont sous clef, et qu'il faut qu'il ait la bonté
« d'attendre deux ou trois heures. On comprend que, vu les mo-
« tifs qui l'amenaient, il avait besoin de voir les listes électorales
« tout de suite, au moment même de sa requête, et non point au
« bout de deux ou trois heures. Il repart donc, après avoir fait
« constater par son huissier le refus qui lui était opposé ; il re-
« part sans avoir rien vu....... »

Ce récit est inexact. Voici la vérité :

« Le vendredi 9 janvier, à neuf heures du matin, M. Louis Passy s'est présenté à la préfecture de l'Eure pour demander communication des listes électorales. Cette communication lui a été immédiatement donnée. On installa pour lui, dans le cabinet du secrétaire général, un bureau spécial. Un des huissiers et un employé de la préfecture restèrent à sa disposition pour aller lui chercher les diverses parties des listes et tous les autres documents dont il pouvait avoir besoin, et pendant deux jours, depuis neuf heures du matin jusqu'à l'heure à laquelle il lui convenait de se retirer, il put procéder sur les listes à toutes les vérifications qu'il crut utiles. A la fin du second jour, il déclara son travail fini, rendit les listes, remercia et partit. C'est le lundi 12 janvier, le surlendemain de cette communication demandée et accordée dans de pareilles conditions, que M. Passy se présenta de nouveau à la préfecture en l'absence du préfet. Cette fois, et avant de savoir quelle réponse pourrait lui être faite, il avait cru devoir se faire accompagner d'un huissier, dont il a requis l'intervention sans vouloir attendre le terme d'un délai bien court, au bout duquel il aurait pu examiner, pour la troisième fois en quatre jours, les documents qu'il était venu chercher. »

Journal des Débats, 28 janvier 1863. (*Communiqué.*)

Évreux (1). Je vous prie d'observer que M. le Ministre
n'avait pas été placé dans l'obligation de répondre sur

(1) Un jeune économiste, je me sers de l'expression qu'on a em-
ployée, un jeune économiste appartenant à une famille très-hono-
rable, habitant le département de l'Eure, avait fait dernièrement
une petite brochure sur les résultats du recensement dans le département où il réside. Il fut surpris de voir que les résultats
qu'il avait trouvés n'étaient pas en rapport avec ce qu'il voyait
sur les listes électorales, non pas qu'il y eût des électeurs en
moins, il croyait qu'il y en avait plus qu'on ne devait en trouver.

En conséquence, il a usé de son droit. Il est allé deux fois dans
les bureaux de la préfecture de l'Eure, et, à deux reprises, chaque
fois pendant une journée, il a eu à sa disposition toutes les listes
qu'il a demandées. Il faut avouer qu'il y est retourné une troisième fois, un dimanche. Il n'a pas trouvé le préfet; il n'y avait
que le secrétaire général, et il a fait dresser, par huissier, un acte
constatant l'absence du préfet, lequel avait, ce jour-là, sous clef,
les listes électorales; si bien que le secrétaire général n'avait pu
rien lui montrer. D'ailleurs, ainsi que cela est reconnu par un
article de journal que j'ai entre les mains, il avait été bien reçu
par le secrétaire général; il avait même fait avec lui ce qu'il vou-
lait faire avec le préfet; il avait posé des questions sur lesquelles
il avait demandé des explications; le secrétaire général lui avait
promis de lui donner par lettre, par correspondance, les réponses
à ses questions. Il en a été si reconnaissant que voici le petit billet qu'il écrivait au secrétaire général :

« Ce samedi. Monsieur, ne m'oubliez pas, je vous prie. Je demeure à Paris... et j'attends avec impatience les chiffres que M. le
préfet m'a lui-même offerts.

« Je vous remercie de l'accueil que vous avez bien voulu me
faire, et vous prie d'agréer, Monsieur... »

Vous le voyez, il n'avait pas été mal reçu. (Rires approbatifs.)

On lui a fait au contraire très-bon visage, et bien probablement
ce n'est pas lui, j'aime à le croire, qui a porté contre l'administration cette accusation de faux.

(*Moniteur* du vendredi 13 février 1863, p. 222. Discours de S.
Exc. M. Baroche.)

ce point au précédent orateur. M. Jules Favre, il est vrai, dans un éloquent discours, avait parlé de ma brochure et de mes chiffres; il n'avait pas dit un mot de ma conduite et de mes actes. Il vous semblera légitime, Monsieur le Président, que je tente, à mon tour, d'expliquer une situation à laquelle on semble de tous côtés ne rien comprendre. Le droit de réponse n'est pas effacé de nos lois : le droit de défense est écrit dans le cœur des honnêtes gens. Je fais appel à votre loyauté pour m'en assurer l'exercice.

Dans la brochure que je citais à l'instant, j'ai passé en revue tous les éléments de la statistique : recensement quinquennal, tables de naissance, de mariage, de décès, listes de recrutement. Pouvais-je négliger les listes électorales? pouvais-je me dispenser d'examiner le rapport qui existe naturellement entre la population recensée et la population inscrite? J'ai donc relevé et fait relever, d'après les listes closes au 31 mars 1862, et déposées à la mairie de chaque commune, le nombre des électeurs du département de l'Eure inscrits à cette époque : j'ai trouvé qu'il s'élevait à 122,084. Le décret du 29 décembre, publié dans le *Moniteur* du 1er janvier 1863, est venu me donner un démenti, sans toutefois fixer le chiffre des électeurs.

Le 3 janvier, M. Prévost-Paradol, comparant, au 31 mars 1862, la situation du département de la Seine, où la population a augmenté et le nombre des électeurs diminué, et la situation du département de l'Eure, où la population a diminué et le nombre des électeurs augmenté, citait mon travail dans le *Courrier du Dimanche*, relevait mes chiffres, et, lançait, à mon insu, ma brochure dans la polémique quotidienne. « C'est, disait-il, en parlant du nombre des électeurs du département de l'Eure, une question à débattre entre M. Louis Passy et son préfet. » Mis en demeure de m'expliquer, je n'avais qu'une conduite à tenir : chercher mes erreurs, et si j'en avais commis, les reconnaître aussitôt. Je saisis avec empressement le seul moyen de contrôle que m'offrait la loi, et résolus d'aller vérifier mon travail sur la copie des listes électorales, copie qui doit être déposée au secrétariat de chaque préfecture, et dont « *communication doit toujours être donnée aux citoyens qui la demandent.* » (Décret réglementaire du 2 février 1852, art. 7.)

J'arrivai à Évreux le jeudi 8, et j'eus l'honneur de voir M. le Préfet vers une heure. Je lui annonçai le but de mon voyage, et mon dessein de revenir à Paris le soir même. Malheureusement les listes électorales n'étaient pas en ce moment à la disposition du public. On me dit d'abord que M. Noyer, employé du cabinet et chargé de la garde de ces listes, était à déjeuner ; plus tard, qu'il était parti subitement pour Brosville près d'un parent malade. Ce départ m'étonna. Il était trois heures ; M. le Préfet était sorti. J'eus recours à M. Neveu, conseiller de préfecture, faisant les fonctions de secrétaire général. M. Neveu eut l'obligeance de s'excuser du retard que l'administration mettait à me satisfaire. Je ne pus lui cacher mon désappointement : je lui demandai si l'administration avait quelques motifs de me refuser cette communication, et lui déclarai que, dans le cas contraire, j'attendrais le retour de M. Noyer. Sur cette déclaration, M. Neveu me pria de revenir le lendemain matin. Ce n'est donc pas le *vendredi* 9, mais le *jeudi* 8, que je me suis présenté à la préfecture : ce n'est donc pas *immédiatement*, mais *après un jour d'attente,* que les listes électorales m'ont été remises (1). Pourquoi le *communique*

(1) *Journal des Débats, mercredi 28 janvier 1863.* (Voyez ci-dessus le communiqué.)

passe-t-il sous silence toute cette journée perdue? pourquoi ne m'a-t-on pas donné les copies des listes électorales le 8 janvier?

Le vendredi, 9 janvier, M. Noyer était revenu; je commençai mes recherches. M. Neveu m'invita courtoisement à travailler, sous ses yeux, dans son cabinet. Il paraît que deux personnes employées à la préfecture furent spécialement attachées à mon service : le *communiqué* le dit. Si je m'en étais aperçu, je me serais fait un devoir de les remercier. Vers une heure, le désir me vint tout à coup de faire une excursion à la mairie de Bernay. J'arrive, je demande la liste électorale close au 31 mars 1862. M. le secrétaire de la mairie me répond que M. le maire est à la campagne et qu'il a mis la liste sous clef. En vain j'invoque la loi, dont je m'étais muni : en vain je dis mon nom, qui n'est pas oublié dans le département. Je me retirais, après trois quarts d'heure de pourparlers, quand j'aperçus M. le premier adjoint. Je lui présentai ma requête : il me répliqua, fort poliment d'ailleurs (car dans le département de l'Eure nous sommes tous fort polis), que la liste électorale est un document politique et que cela ne le regardait pas. J'avais perdu vingt-quatre heures à Évreux, je ne pouvais perdre vingt-quatre heures à Bernay. Je quittai Bernay pour n'y pas revenir. On voit combien il faut de peines et de temps pour faire, en matière administrative, les plus simples vérifications.

Le samedi, 10, j'allai de bonne heure à la préfecture. Je crois inutile de donner, dans le détail, le récit de cette journée. Je dirai seulement que j'eus avec M. le secrétaire général plusieurs conversations fort intéressantes sur l'objet de mes recherches. Nous tombâmes d'accord qu'un citoyen avait le droit de contrôler les assertions de l'administration, mais que, pour les critiquer, la preuve par acte d'huissier était seule admise. Plus tard, j'eus l'honneur d'entretenir M. le Préfet sur les résultats du travail que j'avais entrepris, et lui déclarai qu'un examen attentif des pièces qui m'avaient été communiquées ne me permettait pas de changer les conclusions de ma brochure. Ce n'est pas le moment de m'expliquer davantage.

M. le Ministre Président du Conseil d'État a jugé utile de raconter à la chambre et au pays que « je n'avais pas été mal reçu à la préfecture de l'Eure. » Puisque ce fait paraît avoir une très-grande importance, je me hâte de le reconnaître. Permettez-moi seulement, Monsieur le Président, de vous apprendre que je ne pouvais pas être mal reçu à la préfecture de l'Eure. Mon nom et mon caractère étaient des gages de modération. Je ne venais pas en adversaire, mais en homme de bonne foi. Je ne cherchais pas le scandale, mais la vérité. J'avais pour moi la loi (c'est quelque chose), et, de plus, on savait pertinemment, puisqu'on me l'a dit, on savait que pour être produites utilement dans un débat public, mes recherches devaient être constatées par un acte d'huissier. Dès lors, on pouvait être sans crainte et m'ouvrir tous les cartons de la préfecture.

Si l'administration départementale a justement fait valoir la politesse de son langage, elle aurait dû instruire M. le Ministre des moindres détails de sa conduite. Il n'est malheureusement pas exact, comme l'a affirmé M. le Président du Conseil d'État, que j'aie eu à ma disposition « toutes les listes » et tous les renseignements que j'ai demandés. Je n'en veux d'autre preuve que cet innocent billet dans lequel M. le Ministre a cru trouver les élans de la plus vive reconnaissance ! Oui, Monsieur le Président, pendant trois jours, par exemple, j'ai réclamé le double du tableau qui a servi de base au décret du 1ᵉʳ janvier 1863, ou tout au moins le chiffre total des électeurs par arrondissement, ou tout au moins le chiffre total des électeurs du département. Et voyant que je réclamais en vain, je me suis décidé à quitter Évreux, et au moment de partir, le samedi à six heures du soir, j'ai adressé à M. le secrétaire général le billet suivant dont j'emprunte le texte au *Moniteur* : « Ce samedi. Monsieur, ne m'oubliez pas, je vous prie ; je demeure à Paris,... et j'attends avec impatience les chiffres que M. le Préfet m'a lui-même offerts. Je vous remercie de l'accueil que vous avez bien voulu me faire et vous prie d'agréer, Monsieur... » De ce billet M. le Ministre tire la preuve « que je n'ai pas été mal reçu à la préfecture » ; moi, je conclus que je n'ai pas vu tout ce que je voulais voir. Et, en effet, j'attends encore les chiffres que M. le Préfet a probablement regretté de m'avoir offerts, et que vraisemblablement maintenant je ne recevrai pas.

Quelle ne fut pas ma surprise, Monsieur le Président, lorsqu'en arrivant à Paris, à onze heures du soir, j'appris l'avertissement donné à M. Prévost-Paradol pour l'article publié, le 4 janvier, dans le *Courrier du Dimanche* ! J'avais passé toute la journée à la préfecture, et personne ne m'avait prévenu que, dans le *Moniteur* du matin (10 janvier), j'étais indirectement accusé d'avoir donné des chiffres faux et inexacts : personne ne m'avait prévenu que le chiffre total des électeurs trouvés inscrits par l'administration au 31 mars 1862 (chiffre en vain réclamé pendant trois jours), se trouvait publié au *Moniteur* ! Fallait-il croire qu'à dessein on m'avait caché un fait qui pouvait modifier mon attitude ? Fallait-il croire qu'on ne lit pas le *Moniteur* à la préfecture de l'Eure ?

L'avertissement du 10 janvier changeait ma situation.

Il ne s'agissait plus pour moi de rechercher des erreurs de statistique ; il s'agissait d'accepter, oui ou non, une part du péril dans lequel, involontairement, j'avais entraîné un courageux écrivain. Tant que ma réputation scientifique était seule en jeu, j'avais travaillé sans témoins, sans huissier, avec une confiance presque naïve, et sans autre but que l'honneur de la vérité ; mais quand mes allégations, taxées d'inexactes dans un document officiel, eurent mis en danger l'existence d'un journal, j'ai dû prendre un parti, et montrer autant de fermeté que j'avais montré d'abnégation. Ce qu'on dédaigne de tenter pour sa propre justification, on n'hésite pas à le faire pour la défense d'autrui. Voilà pourquoi, Monsieur le Président, je revins à Évreux le lundi 12 ; voilà pourquoi, avant d'aller à la préfecture, je requis l'intervention d'un huissier.

Permettez-moi d'insister sur ce dernier épisode : « Il faut avouer, a dit M. le Président du Conseil d'État, qu'il (c'est moi) y est retourné une troisième fois, un *dimanche*. Il n'a pas trouvé le Préfet : Il n'y avait que le secrétaire général. » Je lis, au contraire, dans le *communiqué* de M. le Ministre de l'intérieur : « C'est le *lundi*, 12 janvier, le surlendemain de cette communication demandée et autorisée dans de pareilles conditions, que M. Passy se présenta de nouveau à la préfecture en l'absence du Préfet. » Est-ce le dimanche ? est-ce le lundi ? Grave question, Monsieur le Président ; car si c'est le dimanche, il est tout naturel que les bureaux soient fermés, le Préfet absent et les listes sous clef ; mais c'est le lundi, le lundi 12, que je me suis présenté à la préfecture. Le *communiqué* l'affirme, un procès-verbal le prouve. Et maintenant, je vous le demande, que devient l'argumentation de M. le Président du Conseil d'État ? Comment M. le Ministre a-t-il été induit en erreur ? a-t-il songé qu'il me peignait sous les traits d'un homme léger, qui trouble les administrations le dimanche, et fait du bruit pour rien? Qui l'a renseigné? lui a-t-on dissimulé l'importance du procès-verbal dressé le 12 janvier? Voulait-on excuser l'absence de M. le Préfet, qui, le lundi, chassait dans la forêt de Conches, et qui, ce me semble, en avait bien le droit (1)? Peu m'importe : je soutiens et je prouve que le lundi, 12, lorsqu'à une heure réglementaire, dans le secrétariat, local désigné par la loi, je demandai à M. Neveu, qui remplaçait d'office M. le Préfet, la communication des listes électorales, aucune raison ne pouvait être opposée à ma juste demande.

Je reprends mon récit. A peine entré dans le cabinet de M. le secrétaire général, je lui expliquai les motifs d'un retour si précipité, et lui demandai communication immédiate desdites listes, pour procéder en sa présence à toutes les constatations qui devaient m'être utiles. Le *communiqué* s'étonne que j'aie pris un huissier « avant de savoir quelle réponse pouvait m'être faite. » Mais je n'avais besoin d'aucune réponse : j'avais simplement besoin de revoir les listes que j'avais déjà vues et de faire constater ce que ma parole seule ne peut garantir. M. Neveu déclara qu'il ne pouvait me donner les listes. Je déclinai ses raisons; j'invoquai la loi dont les termes sont précis; j'expliquai pourquoi et comment je ne pouvais attendre, et fis dresser procès-verbal du refus de communication. M. le Président du Conseil d'État prétend que j'ai fait

(1) Hier, par un temps magnifique, une brillante partie de chasse en battue réunissait dans la forêt de Conches un grand nombre de chasseurs invités par M. le préfet de l'Eure, qui, dans cette circonstance comme toujours, s'est montré un organisateur émérite. » (*Courrier de l'Eure*, mardi 13 janvier 1863.)

dresser par huissier « un acte constatant l'absence du Préfet. » J'ai fait plus : j'ai, dans un acte légal, constaté la violation de l'art. 7 du décret du 2 février 1852 ; j'ai rempli ma tâche en épuisant tous les moyens de justifier mon travail et d'atteindre la vérité.

Ainsi se déroulent naturellement les divers incidents de cette histoire. Le décret du 1er janvier explique mon premier voyage à Évreux. L'avertissement donné au *Courrier du Dimanche* justifie mon second voyage, et le procès-verbal du 12. Le *communiqué* du 28, répliquant à un article de M. Weiss, motive la réponse et la sommation que j'ai vainement faites au *Journal des Débats*. Le discours prononcé par M. le Président du Conseil d'État dans la séance du 12 février, légitime la lettre que j'ai l'honneur de vous adresser aujourd'hui.

J'ajouterai deux mots pour bien préciser quelle était ma situation le 12 février. A cette époque, je n'avais encore rien publié, quoique l'occasion ne m'en eût certes pas manqué. Je n'avais chargé aucun écrivain de faire du bruit autour de mon nom. J'ai même, à diverses reprises, fait connaître à l'administration par quel enchaînement de circonstances imprévues j'avais été conduit à des résolutions dont je revendique hautement la responsabilité. Et c'est au moment où je gardais un silence que le public est toujours tenté de mal interpréter, où j'hésitais à raconter une suite d'incidents qui portent avec eux leur enseignement, c'est à ce moment que M. le Ministre, Président du Conseil d'État a fait de mes démarches un récit contre lequel je suis obligé de protester !

Veuillez remarquer, Monsieur le Président, que je ne soulève aujourd'hui aucune question politique. Je réserve absolument toute discussion sur la confection des listes et le remaniement des circonscriptions électorales dans le département de l'Eure. Je n'examine pas comment et pourquoi l'administration a fourni sur mon compte des renseignements incomplets, inexacts et contradictoires. J'expose simplement des faits, des faits qui me sont personnels, des faits à l'abri de toute critique. Puis-je librement les mettre dans leur vrai jour? Un citoyen a-t-il le droit de rectifier les assertions dont sa conduite a été publiquement l'objet? J'en suis convaincu. Le Corps législatif a entendu le discours de M. le Ministre, Président du Conseil d'État : j'ose espérer qu'il lira ma réponse.

Veuillez agréer, Monsieur le Président,

et Messieurs les Députés,

l'hommage de mon profond respect,

LOUIS PASSY,

Avocat, docteur en droit.

Paris — Typographie de Ad. R. Lainé et J. Havard, rue des Saints-Pères, 19.